LifeChest...
All of your important information in one place!

LIFE CHEST

LifeChest...
All of your important information in one place!

CONTENTS

Biographical Information

Insurance Information

Health Information

Banking Information

Other Financial Information

Home Maintenance Information

Utilities Information

Subscriptions/Memberships Information

Miscellaneous Contacts Information

Important Documents Listing & Locations

End of Life Wishes

LifeChest...
All of your important information in one place!

All of your important information in one place!

Copyright   Page Cole 2013

LifeChest...
All of your important information in one place!

Dedication

This book and the associated App on the iTunes store were designed & developed as a memorial to my parents, Dr. Bill & Sondra Cole.

Following the death of my dad, I saw first hand how worry over finances, bills and life details interfered with my mother's grieving process. Less than two years later, my mother died, and my brothers and I waded through the difficult mire of sorting out the business affairs of someone else's life.

This project was designed to assist families as they organize the most important information in their lives, so that during the difficult times of life they can focus on relationships and health, rather than be overwhelmed by the "busyness" and the "business" of life.

Page Cole

LifeChest...
All of your important information in one place!

Thank You

Thank you to so many who invested in me over the years, and have instilled in me a passion to care and nurture seniors and their families. Dr. Bill Pierce, president of Oklahoma Baptist Village Retirement Communities is the primary influence in my life in this area, and I'll forever be grateful for his influence, wisdom and encouragement.

Also, a special thank you to my countless friends, clients and staff I've met in the homecare industry through my Visiting Angels franchise.

LifeChest...
All of your important information in one place!

BIOGRAPHICAL INFORMATION

LifeChest...
All of your important information in one place!

Bio

First Name _____
Middle Name _____
Last Name _____
Spouse _____
Birthday _____
Social Security # _____

Favorites

Restaurant _____
Meal _____
Drink _____
Color _____
Band/Music _____
Fruit _____
Ice Cream _____
Candy _____
Flowers _____
Wine _____

LifeChest...
All of your important information in one place!

Contact Information
Address _____
City _____
State _____
Zip _____
Home Phone _____
Cell Phone _____
Email Address _____
Website _____
Web Username _____
Web Password _____

Emergency Contacts
Name _____
Phone _____

Name _____
Phone _____

Name _____
Phone _____

LifeChest...
All of your important information in one place!

INSURANCE INFORMATION

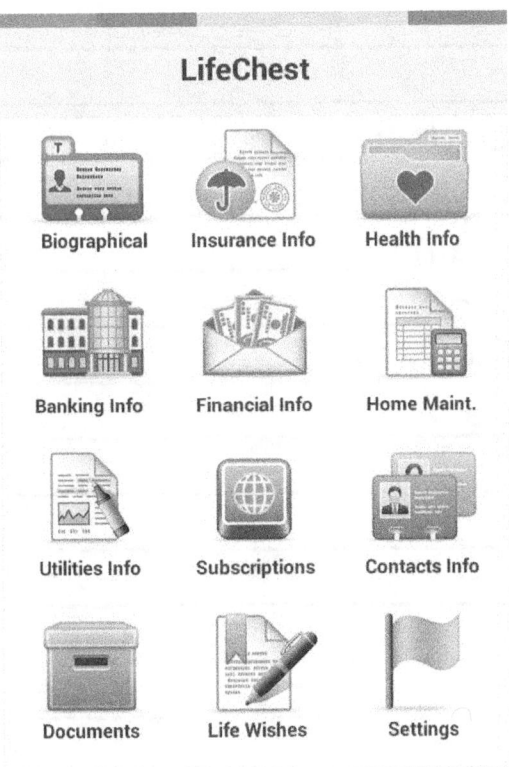

LifeChest...
All of your important information in one place!

Primary Health Insurance

Company Name _____
Account Number _____
Address _____
City _____
State _____
Zip _____
Phone _____
Fax _____
Email _____
Primary Contact _____
Website _____
Web Username _____
Web Password _____
Other Information _____

_____
_____
_____
_____
_____
_____

LifeChest...
All of your important information in one place!

Secondary Health Insurance

Company Name _____
Account Number _____
Address _____
City _____
State _____
Zip _____
Phone _____
Fax _____
Email _____
Primary Contact _____
Website _____
Web Username _____
Web Password _____
Other Information _____

_____
_____
_____
_____
_____

LifeChest...
All of your important information in one place!

Long Term Care Insurance

Company Name _____
Account Number _____
Address _____
City _____
State _____
Zip _____
Phone _____
Fax _____
Email _____
Primary Contact _____
Website _____
Web Username _____
Web Password _____
Other Information _____

_____
_____
_____
_____
_____
_____

LifeChest...
All of your important information in one place!

Homeowner's Insurance

Company Name _____
Account Number _____
Address _____
City _____
State _____
Zip _____
Phone _____
Fax _____
Email _____
Primary Contact _____
Website _____
Web Username _____
Web Password _____
Other Information _____
_____
_____
_____
_____
_____
_____

LifeChest...
All of your important information in one place!

Auto Insurance
Company Name _____
Account Number _____
Address _____
City _____
State _____
Zip _____
Phone _____
Fax _____
Email _____
Primary Contact _____
Website _____
Web Username _____
Web Password _____
Other Information _____

_____
_____
_____
_____
_____

LifeChest...
All of your important information in one place!

Life Insurance

Company Name _____
Term Life or Whole Life _____
Account Number _____
Address _____
City _____
State _____
Zip _____
Phone _____
Fax _____
Email _____
Primary Contact _____
Website _____
Web Username _____
Web Password _____
Other Information _____
_____
_____
_____
_____
_____
_____

LifeChest...
All of your important information in one place!

HEALTH
INFORMATION

LifeChest...
All of your important information in one place!

Medicare Information

Care Source Name _____
Account Number _____
Address _____
City _____
State _____
Zip _____
Phone _____
Fax _____
Email _____
Primary Contact _____
Website _____
Web Username _____
Web Password _____
Other Information _____

_____
_____
_____
_____
_____
_____

LifeChest...
All of your important information in one place!

Physician Information
Primary Care Doctor _____
Account Number _____
Address _____
City _____
State _____
Zip _____
Phone _____
Fax _____
Email _____
Primary Contact _____
Website _____
Web Username _____
Web Password _____
Other Information _____
_____
_____
_____
_____
_____
_____

LifeChest...
All of your important information in one place!

Physician Information
SPECIALTY DOCTOR _____
Area of Care _____
Account Number _____
Address _____
City _____
State _____
Zip _____
Phone _____
Fax _____
Email _____
Primary Contact _____
Website _____
Web Username _____
Web Password _____
Other Information _____
_____
_____
_____
_____
_____
_____

LifeChest...
All of your important information in one place!

Physician Information

SPECIALTY DOCTOR _____
Area of Care _____
Account Number _____
Address _____
City _____
State _____
Zip _____
Phone _____
Fax _____
Email _____
Primary Contact _____
Website _____
Web Username _____
Web Password _____
Other Information _____
_____
_____
_____
_____
_____

LifeChest...
All of your important information in one place!

Physician Information

Specialty Doctor _____
Area of Care _____
Account Number _____
Address _____
City _____
State _____
Zip _____
Phone _____
Fax _____
Email _____
Primary Contact _____
Website _____
Web Username _____
Web Password _____
Other Information _____
_____
_____
_____
_____
_____

LifeChest...
All of your important information in one place!

Home Health Information

Agency Name _____
Area of Care- COMPANION/ PRIVATE DUTY
Account Number _____
Address _____
City _____
State _____
Zip _____
Phone _____
Fax _____
Email _____
Primary Contact _____
Website _____
Web Username _____
Web Password _____
Other Information _____
_____
_____
_____
_____
_____
_____

LifeChest...
All of your important information in one place!

Home Health Information

Agency Name _____
Area of Care- MEDICAL HOME HEALTH
Account Number _____
Address _____
City _____
State _____
Zip _____
Phone _____
Fax _____
Email _____
Primary Contact _____
Website _____
Web Username _____
Web Password _____
Other Information _____
_____
_____
_____
_____
_____
_____

LifeChest...
All of your important information in one place!

Home Health Information

Agency Name _____
Area of Care- HOSPICE
Account Number _____
Address _____
City _____
State _____
Zip _____
Phone _____
Fax _____
Email _____
Primary Contact _____
Website _____
Web Username _____
Web Password _____
Other Information _____
_____
_____
_____
_____
_____
_____

LifeChest...
All of your important information in one place!

Home Health Information
Agency Name _____
Area of Care- MEDICAL EQUIPMENT
Account Number _____
Address _____
City _____
State _____
Zip _____
Phone _____
Fax _____
Email _____
Primary Contact _____
Website _____
Web Username _____
Web Password _____
Other Information _____
_____
_____
_____
_____
_____
_____

LifeChest...
All of your important information in one place!

Medication Listing

Name _____
Dosage _____
Frequency _____

Name _____
Dosage _____
Frequency _____

Name _____
Dosage _____
Frequency _____

Name _____
Dosage _____
Frequency _____

Name _____
Dosage _____
Frequency _____

LifeChest...
All of your important information in one place!

Medication Listing (cont.)

Name_____

Dosage_____

Frequency_____

Name_____

Dosage_____

Frequency_____

Name_____

Dosage_____

Frequency_____

Name_____

Dosage_____

Frequency_____

Name_____

Dosage_____

Frequency_____

LifeChest...
All of your important information in one place!

Medication Listing (cont.)

Name _____
Dosage _____
Frequency _____

Name _____
Dosage _____
Frequency _____

Name _____
Dosage _____
Frequency _____

Name _____
Dosage _____
Frequency _____

Name _____
Dosage _____
Frequency _____

LifeChest...
All of your important information in one place!

Food Allergies

Allergy _____
Treatment _____

Allergy _____
Treatment _____

Allergy _____
Treatment _____

Allergy _____
Treatment _____

Allergy _____
Treatment _____

Allergy _____
Treatment _____

Allergy _____
Treatment _____

LifeChest...
All of your important information in one place!

Medicine Allergies

Allergy _____
Treatment _____

Allergy _____
Treatment _____

Allergy _____
Treatment _____

Allergy _____
Treatment _____

Allergy _____
Treatment _____

Allergy _____
Treatment _____

Allergy _____
Treatment _____

LifeChest...
All of your important information in one place!

Miscellaneous Allergies

Allergy _____
Treatment _____

Allergy _____
Treatment _____

Allergy _____
Treatment _____

Allergy _____
Treatment _____

Allergy _____
Treatment _____

Allergy _____
Treatment _____

Allergy _____
Treatment _____

LifeChest...
All of your important information in one place!

Physical Conditions

Diagnosis _____
Treatment _____
Dangers _____
Important Notes _____

Diagnosis _____
Treatment _____
Dangers _____
Important Notes _____

Diagnosis _____
Treatment _____
Dangers _____
Important Notes _____

Diagnosis _____
Treatment _____
Dangers _____
Important Notes _____

LifeChest...
All of your important information in one place!

Physical Conditions

Diagnosis _____
Treatment _____
Dangers _____
Important Notes _____

Diagnosis _____
Treatment _____
Dangers _____
Important Notes _____

Diagnosis _____
Treatment _____
Dangers _____
Important Notes _____

Diagnosis _____
Treatment _____
Dangers _____
Important Notes _____

LifeChest...
All of your important information in one place!

Family Medical History
Father's Side
Condition _____
Condition _____
Condition _____
Condition _____
Condition _____

Mother's Side
Condition _____
Condition _____
Condition _____
Condition _____
Condition _____

Other Information _____
_____
_____
_____
_____
_____
_____

LifeChest...
All of your important information in one place!

Banking Information

LifeChest...
All of your important information in one place!

Checking Account #1

Company Name _____
Account Number _____
Address _____
City _____
State _____
Zip _____
Phone _____
Fax _____
Email _____
Primary Contact _____
Website _____
Web Username _____
Web Password _____
Other Information _____

_____
_____
_____
_____
_____

LifeChest...
All of your important information in one place!

Checking Account #2

Company Name _____
Account Number _____
Address _____
City _____
State _____
Zip _____
Phone _____
Fax _____
Email _____
Primary Contact _____
Website _____
Web Username _____
Web Password _____
Other Information _____
_____
_____
_____
_____
_____
_____

LifeChest...
All of your important information in one place!

Savings Account #1

Company Name _____
Account Number _____
Address _____
City _____
State _____
Zip _____
Phone _____
Fax _____
Email _____
Primary Contact _____
Website _____
Web Username _____
Web Password _____
Other Information _____

_____
_____
_____
_____
_____

LifeChest...
All of your important information in one place!

Mortgage Account- Primary

Company Name _____
Account Number _____
Address _____
City _____
State _____
Zip _____
Phone _____
Fax _____
Email _____
Primary Contact _____
Website _____
Web Username _____
Web Password _____
Other Information _____
_____
_____
_____
_____
_____
_____

LifeChest...
All of your important information in one place!

Mortgage- Home Equity

Company Name _____
Account Number _____
Address _____
City _____
State _____
Zip _____
Phone _____
Fax _____
Email _____
Primary Contact _____
Website _____
Web Username _____
Web Password _____
Other Information _____

_____
_____
_____
_____
_____

LifeChest...
All of your important information in one place!

Mortgage- Reverse Mortgage

Company Name _____
Account Number _____
Address _____
City _____
State _____
Zip _____
Phone _____
Fax _____
Email _____
Primary Contact _____
Website _____
Web Username _____
Web Password _____
Other Information _____

_____
_____
_____
_____
_____

LifeChest...
All of your important information in one place!

Mortgage- Business

Company Name _____
Account Number _____
Address _____
City _____
State _____
Zip _____
Phone _____
Fax _____
Email _____
Primary Contact _____
Website _____
Web Username _____
Web Password _____
Other Information _____

_____
_____
_____
_____
_____

LifeChest...
All of your important information in one place!

Loan- Auto #1

Vehicle _____
Company Name _____
Account Number _____
Address _____
City _____
State _____
Zip _____
Phone _____
Fax _____
Email _____
Primary Contact _____
Website _____
Web Username _____
Web Password _____
Other Information _____
_____
_____
_____
_____
_____
_____

LifeChest...
All of your important information in one place!

<u>*Loan- Auto #2*</u>

Vehicle _____
Company Name _____
Account Number _____
Address _____
City _____
State _____
Zip _____
Phone _____
Fax _____
Email _____
Primary Contact _____
Website _____
Web Username _____
Web Password _____
Other Information _____
_____
_____
_____
_____
_____

LifeChest...
All of your important information in one place!

Loan- Miscellaneous

Company Name _____
Account Number _____
Address _____
City _____
State _____
Zip _____
Phone _____
Fax _____
Email _____
Primary Contact _____
Website _____
Web Username _____
Web Password _____
Other Information _____

_____
_____
_____
_____
_____

LifeChest...
All of your important information in one place!

Bank Information

Bank Name _____
Type of Account- Safety Deposit Box
Company Name _____
Account Number _____
Address _____
City _____
State _____
Zip _____
Phone _____
Fax _____
Email _____
Primary Contact _____
Website _____
Web Username _____
Web Password _____
Other Information _____
_____
_____
_____
_____

LifeChest...
All of your important information in one place!

OTHER FINANCIAL INFORMATION

LifeChest...
All of your important information in one place!

Credit Card #1
Company Name _____
Account Number _____
Address _____
City _____
State _____
Zip _____
Phone _____
Fax _____
Email _____
Primary Contact _____
Website _____
Web Username _____
Web Password _____
Other Information _____
_____
_____
_____
_____
_____

LifeChest...
All of your important information in one place!

Credit Card #2

Company Name _____
Account Number _____
Address _____
City _____
State _____
Zip _____
Phone _____
Fax _____
Email _____
Primary Contact _____
Website _____
Web Username _____
Web Password _____
Other Information _____
_____
_____
_____
_____
_____
_____

LifeChest...
All of your important information in one place!

Credit Card #3
Company Name _____
Account Number _____
Address _____
City _____
State _____
Zip _____
Phone _____
Fax _____
Email _____
Primary Contact _____
Website _____
Web Username _____
Web Password _____
Other Information _____

_____
_____
_____
_____
_____

LifeChest...
All of your important information in one place!

Credit Card #4

Company Name _____
Account Number _____
Address _____
City _____
State _____
Zip _____
Phone _____
Fax _____
Email _____
Primary Contact _____
Website _____
Web Username _____
Web Password _____
Other Information _____

_____
_____
_____
_____
_____

LifeChest...
All of your important information in one place!

Credit Card #5

Company Name _____
Account Number _____
Address _____
City _____
State _____
Zip _____
Phone _____
Fax _____
Email _____
Primary Contact _____
Website _____
Web Username _____
Web Password _____
Other Information _____

_____
_____
_____
_____
_____

LifeChest...
All of your important information in one place!

Investment Account #1

Company Name _____
Account Number _____
Address _____
City _____
State _____
Zip _____
Phone _____
Fax _____
Email _____
Primary Contact _____
Website _____
Web Username _____
Web Password _____
Other Information _____

_____
_____
_____
_____
_____

LifeChest...
All of your important information in one place!

Investment Account #2

Company Name _____
Account Number _____
Address _____
City _____
State _____
Zip _____
Phone _____
Fax _____
Email _____
Primary Contact _____
Website _____
Web Username _____
Web Password _____
Other Information _____
_____
_____
_____
_____
_____
_____

LifeChest...
All of your important information in one place!

Investment Account #3

Company Name _____
Account Number _____
Address _____
City _____
State _____
Zip _____
Phone _____
Fax _____
Email _____
Primary Contact _____
Website _____
Web Username _____
Web Password _____
Other Information _____
_____
_____
_____
_____
_____
_____

LifeChest...
All of your important information in one place!

Retirement Account

Account Name _____
Type of Account- IRA _____
Company Name _____
Account Number _____
Address _____
City _____
State _____
Zip _____
Phone _____
Fax _____
Email _____
Primary Contact _____
Website _____
Web Username _____
Web Password _____
Other Information _____
_____
_____
_____
_____

LifeChest...
All of your important information in one place!

Retirement Account

Account Name _____
Type of Account- 401k _____
Company Name _____
Account Number _____
Address _____
City _____
State _____
Zip _____
Phone _____
Fax _____
Email _____
Primary Contact _____
Website _____
Web Username _____
Web Password _____
Other Information _____
_____
_____
_____
_____

LifeChest...
All of your important information in one place!

Retirement Account

Account Name _____
Type of Account- Pension _____
Company Name _____
Account Number _____
Address _____
City _____
State _____
Zip _____
Phone _____
Fax _____
Email _____
Primary Contact _____
Website _____
Web Username _____
Web Password _____
Other Information _____
_____
_____
_____
_____

LifeChest...
All of your important information in one place!

Retirement Account

Account Name _____
Type of Account- Stock _____
Company Name _____
Account Number _____
Address _____
City _____
State _____
Zip _____
Phone _____
Fax _____
Email _____
Primary Contact _____
Website _____
Web Username _____
Web Password _____
Other Information _____
_____
_____
_____
_____

LifeChest...
All of your important information in one place!

Retirement Account

Account Name _____
Type of Account- Stock _____
Company Name _____
Account Number _____
Address _____
City _____
State _____
Zip _____
Phone _____
Fax _____
Email _____
Primary Contact _____
Website _____
Web Username _____
Web Password _____
Other Information _____

_____
_____
_____
_____

LifeChest...
All of your important information in one place!

Retirement Account

Account Name _____
Type of Account- CD _____
Company Name _____
Account Number _____
Address _____
City _____
State _____
Zip _____
Phone _____
Fax _____
Email _____
Primary Contact _____
Website _____
Web Username _____
Web Password _____
Other Information _____
_____
_____
_____
_____

LifeChest...
All of your important information in one place!

Retirement Account

Account Name _____
Type of Account- CD _____
Company Name _____
Account Number _____
Address _____
City _____
State _____
Zip _____
Phone _____
Fax _____
Email _____
Primary Contact _____
Website _____
Web Username _____
Web Password _____
Other Information _____

_____
_____
_____
_____

LifeChest...
All of your important information in one place!

Accountant/CPA/Taxes

Name _____
Company Name _____
Account Number _____
Address _____
City _____
State _____
Zip _____
Phone _____
Fax _____
Email _____
Primary Contact _____
Website _____
Web Username _____
Web Password _____
Other Information _____
_____
_____
_____
_____
_____

LifeChest...
All of your important information in one place!

HOME MAINTENANCE INFORMATION

LifeChest...
All of your important information in one place!

Heating/Cooling

Company Name _____
Account Number _____
Address _____
City _____
State _____
Zip _____
Phone _____
Fax _____
Email _____
Primary Contact _____
Website _____
Web Username _____
Web Password _____
Other Information _____

_____
_____
_____
_____
_____
_____

LifeChest...
All of your important information in one place!

Electrician

Company Name _____
Account Number _____
Address _____
City _____
State _____
Zip _____
Phone _____
Fax _____
Email _____
Primary Contact _____
Website _____
Web Username _____
Web Password _____
Other Information _____

_____
_____
_____
_____
_____
_____

LifeChest...
All of your important information in one place!

Plumber
Company Name _____
Account Number _____
Address _____
City _____
State _____
Zip _____
Phone _____
Fax _____
Email _____
Primary Contact _____
Website _____
Web Username _____
Web Password _____
Other Information _____
_____
_____
_____
_____
_____
_____

LifeChest...
All of your important information in one place!

Yard/Lawn Maintenance

Company Name _____
Account Number _____
Address _____
City _____
State _____
Zip _____
Phone _____
Fax _____
Email _____
Primary Contact _____
Website _____
Web Username _____
Web Password _____
Other Information _____

_____
_____
_____
_____
_____

LifeChest...
All of your important information in one place!

Handyman Services

Company Name _____
Account Number _____
Address _____
City _____
State _____
Zip _____
Phone _____
Fax _____
Email _____
Primary Contact _____
Website _____
Web Username _____
Web Password _____
Other Information _____

_____
_____
_____
_____
_____

LifeChest...
All of your important information in one place!

Appliance Repair

Company Name _____
Account Number _____
Address _____
City _____
State _____
Zip _____
Phone _____
Fax _____
Email _____
Primary Contact _____
Website _____
Web Username _____
Web Password _____
Other Information _____

_____
_____
_____
_____
_____
_____

LifeChest...
All of your important information in one place!

Exterminator

Company Name _____
Account Number _____
Address _____
City _____
State _____
Zip _____
Phone _____
Fax _____
Email _____
Primary Contact _____
Website _____
Web Username _____
Web Password _____
Other Information _____
_____
_____
_____
_____
_____

LifeChest...
All of your important information in one place!

Veterinarian

Company Name _____
Account Number _____
Address _____
City _____
State _____
Zip _____
Phone _____
Fax _____
Email _____
Primary Contact _____
Website _____
Web Username _____
Web Password _____
Other Information _____

_____
_____
_____
_____
_____
_____

LifeChest...
All of your important information in one place!

Housecleaning Service

Company Name _____
Account Number _____
Address _____
City _____
State _____
Zip _____
Phone _____
Fax _____
Email _____
Primary Contact _____
Website _____
Web Username _____
Web Password _____
Other Information _____
_____
_____
_____
_____
_____
_____

LifeChest...
All of your important information in one place!

Computer/Technology
Company Name _____
Account Number _____
Address _____
City _____
State _____
Zip _____
Phone _____
Fax _____
Email _____
Primary Contact _____
Website _____
Web Username _____
Web Password _____
Other Information _____

_____
_____
_____
_____
_____
_____

LifeChest...
All of your important information in one place!

UTILITIES INFORMATION

LifeChest...
All of your important information in one place!

Electric

Company Name _____
Account Number _____
Address _____
City _____
State _____
Zip _____
Phone _____
Fax _____
Email _____
Primary Contact _____
Website _____
Web Username _____
Web Password _____
Other Information _____
_____
_____
_____
_____
_____
_____

LifeChest...
All of your important information in one place!

Natural Gas
Company Name _____
Account Number _____
Address _____
City _____
State _____
Zip _____
Phone _____
Fax _____
Email _____
Primary Contact _____
Website _____
Web Username _____
Web Password _____
Other Information _____

_____
_____
_____
_____
_____

LifeChest...
All of your important information in one place!

<u>Telephone</u>

Company Name _____
Account Number _____
Address _____
City _____
State _____
Zip _____
Phone _____
Fax _____
Email _____
Primary Contact _____
Website _____
Web Username _____
Web Password _____
Other Information _____
_____
_____
_____
_____
_____
_____

LifeChest...
All of your important information in one place!

Cable/Satellite

Company Name _____
Account Number _____
Address _____
City _____
State _____
Zip _____
Phone _____
Fax _____
Email _____
Primary Contact _____
Website _____
Web Username _____
Web Password _____
Other Information _____
_____
_____
_____
_____
_____
_____

LifeChest...
All of your important information in one place!

Trash

Company Name _____
Account Number _____
Address _____
City _____
State _____
Zip _____
Phone _____
Fax _____
Email _____
Primary Contact _____
Website _____
Web Username _____
Web Password _____
Other Information _____

_____
_____
_____
_____
_____

LifeChest...
All of your important information in one place!

Water/Sewer

Company Name _____
Account Number _____
Address _____
City _____
State _____
Zip _____
Phone _____
Fax _____
Email _____
Primary Contact _____
Website _____
Web Username _____
Web Password _____
Other Information _____

_____
_____
_____
_____
_____
_____

LifeChest...
All of your important information in one place!

Exterminator

Company Name _____
Account Number _____
Address _____
City _____
State _____
Zip _____
Phone _____
Fax _____
Email _____
Primary Contact _____
Website _____
Web Username _____
Web Password _____
Other Information _____

_____
_____
_____
_____
_____
_____

LifeChest...
All of your important information in one place!

Septic Company

Company Name _____
Account Number _____
Address _____
City _____
State _____
Zip _____
Phone _____
Fax _____
Email _____
Primary Contact _____
Website _____
Web Username _____
Web Password _____
Other Information _____
_____
_____
_____
_____
_____

LifeChest...
All of your important information in one place!

SUBSCRIPTIONS & MEMBERSHIPS INFORMATION

LifeChest...
All of your important information in one place!

Newspaper Subscription

Company Name _____
Account Number _____
Address _____
City _____
State _____
Zip _____
Phone _____
Fax _____
Email _____
Primary Contact _____
Website _____
Web Username _____
Web Password _____
Other Information _____

_____
_____
_____
_____
_____
_____

LifeChest...
All of your important information in one place!

Magazine Subscription

Company Name _____
Account Number _____
Address _____
City _____
State _____
Zip _____
Phone _____
Fax _____
Email _____
Primary Contact _____
Website _____
Web Username _____
Web Password _____
Other Information _____
_____
_____
_____
_____
_____

LifeChest...
All of your important information in one place!

Digital Subscription

Company Name _____
Account Number _____
Address _____
City _____
State _____
Zip _____
Phone _____
Fax _____
Email _____
Primary Contact _____
Website _____
Web Username _____
Web Password _____
Other Information _____

_____
_____
_____
_____
_____
_____

LifeChest...
All of your important information in one place!

Miscellaneous Membership

Company Name _____
Account Number _____
Address _____
City _____
State _____
Zip _____
Phone _____
Fax _____
Email _____
Primary Contact _____
Website _____
Web Username _____
Web Password _____
Other Information _____

_____
_____
_____
_____
_____

LifeChest...
All of your important information in one place!

Miscellaneous Membership

Company Name _____
Account Number _____
Address _____
City _____
State _____
Zip _____
Phone _____
Fax _____
Email _____
Primary Contact _____
Website _____
Web Username _____
Web Password _____
Other Information _____

_____
_____
_____
_____
_____
_____

LifeChest...
All of your important information in one place!

Miscellaneous Membership

Company Name _____

Account Number _____

Address _____

City _____

State _____

Zip _____

Phone _____

Fax _____

Email _____

Primary Contact _____

Website _____

Web Username _____

Web Password _____

Other Information _____

_____

_____

_____

_____

_____

LifeChest...
All of your important information in one place!

Social Media Membership
Name _____
Web Username _____
Web Password _____
Other Information _____

_____

Social Media Membership
Name _____
Web Username _____
Web Password _____
Other Information _____

_____

Social Media Membership
Name _____
Web Username _____
Web Password _____
Other Information _____

_____

LifeChest...
All of your important information in one place!

Social Media Membership
Name _____
Web Username _____
Web Password _____
Other Information _____

_____

Social Media Membership
Name _____
Web Username _____
Web Password _____
Other Information _____

_____

Social Media Membership
Name _____
Web Username _____
Web Password _____
Other Information _____

_____

LifeChest...
All of your important information in one place!

Miscellaneous Contacts

LifeChest...
All of your important information in one place!

Name _____
Employer _____
Relationship: Friend   Neighbor   Church
Work   Family
Address _____
City _____
State _____
Zip _____
Home Phone _____
Cell Phone _____
Fax _____
Email _____
Other Information _____
_____
_____
_____
_____
_____
_____
_____

LifeChest...
All of your important information in one place!

Contact
Name _____
Employer _____
Relationship: Friend   Neighbor   Church
Work   Family
Address _____
City _____
State _____
Zip _____
Home Phone _____
Cell Phone _____
Fax _____
Email _____
Other Information _____
_____
_____
_____
_____
_____
_____

LifeChest...
All of your important information in one place!

Contact
Name _____
Employer _____
Relationship: Friend   Neighbor   Church
Work   Family
Address _____
City _____
State _____
Zip _____
Home Phone _____
Cell Phone _____
Fax _____
Email _____
Other Information _____
_____
_____
_____
_____
_____
_____
_____

LifeChest...
All of your important information in one place!

Contact
Name _____
Employer _____
Relationship: Friend   Neighbor   Church
Work   Family
Address _____
City _____
State _____
Zip _____
Home Phone _____
Cell Phone _____
Fax _____
Email _____
Other Information _____
_____
_____
_____
_____
_____
_____

LifeChest...
All of your important information in one place!

Contact
Name _____
Employer _____
Relationship: Friend   Neighbor   Church
Work   Family
Address _____
City _____
State _____
Zip _____
Home Phone _____
Cell Phone _____
Fax _____
Email _____
Other Information _____
_____
_____
_____
_____
_____
_____

LifeChest...
All of your important information in one place!

IMPORTANT DOCUMENTS LISTING & LOCATIONS

LifeChest...
All of your important information in one place!

Legal Items/ Location

Will _____

Trust _____

Power of Attorney _____

Marriage License _____

Divorce Papers _____

Child Custody Papers _____

Passport _____

Birth Certificate _____

Death Certificate _____

Social Security Card _____

Veteran's Information _____

Other Information _____

_____

_____

_____

_____

_____

_____

LifeChest...
All of your important information in one place!

Insurance Items/ Location
Life Insurance _____
Health Insurance _____
Home Insurance _____
Disability Insurance _____
Car Insurance _____
Long Term Care Insurance _____
Renters Insurance _____

Health Items/ Location
Advance Directive _____
DNR _____
Organ Donation _____
Other Health Papers _____
_____
_____
_____
_____
_____
_____

LifeChest...
All of your important information in one place!

Financial Items/ Location

Property Titles _____
Car Titles _____
Boat/RV Titles _____
Loans _____
Trusts _____
Checking Accounts _____
Savings Accounts _____
CD Information _____
Stocks _____
Bonds _____
Pension Information _____
Jewelry Appraisals _____
Mineral Rights _____
Other Information _____

_____
_____
_____
_____
_____
_____

LifeChest...
All of your important information in one place!

Property/ Location
Jewelry _____
Currencies/Metals _____
Furs _____
Written Home Inventory _____
Video Home Inventory _____
Other Information _____

_____
_____
_____
_____
_____
_____
_____
_____
_____
_____
_____
_____
_____
_____

LifeChest...
All of your important information in one place!

END OF LIFE WISHES

LifeChest...
All of your important information in one place!

Funeral
Funeral Home _____
Contact Person _____
Address _____
City _____
State _____
Zip _____
Phone _____
Fax _____
Email _____
Primary Contact _____
Website _____
Web Username _____
Web Password _____
Other Information _____
_____
_____
_____
_____
_____
_____

LifeChest...
All of your important information in one place!

Disposition of Body
Open or Closed Casket _____
Cremation _____
Donate Body to Science _____
Burial _____
Location _____
Additional Notes _____
_____
_____
_____
_____
_____
_____
_____
_____
_____
_____
_____
_____
_____
_____

LifeChest...
All of your important information in one place!

Memorial Service
Funeral Service Location _____
Minister/Officiate _____
Music _____
Music _____
Music _____
Special Reading _____
Special Reading _____
Special Speakers _____
Special Ceremony _____
Special Ceremony _____
Donations in Memory to _____
Donations in Memory to _____
Donations in Memory to _____
Other Information _____
_____
_____
_____
_____
_____

LifeChest...
All of your important information in one place!

Tombstone
Tombstone Company _____
Contact Person _____
Address _____
City _____
State _____
Zip _____
Phone _____
Fax _____
Email _____
Primary Contact _____
Website _____
Web Username _____
Web Password _____
Other Information _____

_____
_____
_____
_____
_____
_____

LifeChest...
All of your important information in one place!

Final Wishes

Directive 1 _____

_____

_____

Directive 2 _____

_____

_____

Directive 3 _____

_____

_____

Directive 4 _____

_____

_____

Directive 5 _____

_____

_____

Directive 6 _____

_____

_____

Directive 7 _____

_____

_____

LifeChest...
All of your important information in one place!